Alphonse Esquiros

Les Caisses d'épargne

Finance

 Le code de la propriété intellectuelle du 1er juillet 1992 interdit en effet expressément la photocopie à usage collectif sans autorisation des ayants droit. Or, cette pratique s'est généralisée dans les établissements d'enseignement supérieur, provoquant une baisse brutale des achats de livres et de revues, au point que la possibilité même pour les auteurs de créer des œuvres nouvelles et de les faire éditer correctement est aujourd'hui menacée. En application de la loi du 11 mars 1957, il est interdit de reproduire intégralement ou partiellement le présent ouvrage, sur quelque support que ce soir, sans autorisation de l'Éditeur ou du Centre Français d'Exploitation du Droit de Copie , 20, rue Grands Augustins, 75006 Paris.

ISBN : 978-1727028690

10   9   8   7   6   5   4   3   2   1

Alphonse Esquiros

Les Caisses d'épargne

Finance

Table de Matières

Les Caisses d'épargne 7

Les Caisses d'épargne

L'ancien régime avait couvert la France d'ordres religieux que la révolution a détruits ; le vide laissé par ces institutions grandes et disparues, que le temps, avait formées et que le temps a renversées, se fait encore sentir dans la situation troublée de notre industrie. L'assemblée constituante, en réorganisant la France sur les bases nouvelles de la philosophie et de la liberté, s'aperçut, au sourd malaise des consciences, qu'elle commençait une ère de transition dont elle ne verrait pas le terme. Elle ébaucha à grands traits un système économique sur lequel nous vivons encore à cette heure, mais qui laisse en dehors de soi, il faut le reconnaître, de graves questions et d'immenses intérêts. Cette assemblée, qui osa tout le reste, recula effrayée devant la solution du problème de la misère. N'ayant point le loisir de s'arrêter dans un temps où tout marchait, elle passa outre, et nous légua un avenir chargé des orages que cette question soulève quand elle s'agite chez un peuple. Les gouvernements qui se sont succédé ont péri devant ce fantôme menaçant, toujours debout sur la route de l'avenir, comme celui que les compagnons de Gama rencontrèrent sur le chemin du Nouveau-Monde. La république avait tenté de forcer le passage à l'aide d'efforts gigantesques ; elle attaqua le problème par toutes les armes qu'elle avait alors dans la main, la destruction, les assignats, le maximum ; or, si la force est impuissante, c'est surtout lorsqu'il s'agit d'organiser dans une société comme la nôtre une position stable et régulière : elle échoua. L'empire n'eut presque point à s'inquiéter du sort des classes ouvrières dont il employait les bras à une guerre éternelle ; c'était une besogne toute trouvées La restauration comprima les forces vives du pays, et avec elles les idées sourdement militantes qui agitaient la surface du peuple ; mais comprimer n'est pas régner : elle en fit l'épreuve en tombant. Le gouvernement de juillet hérita de l'expérience et des embarras de ses devanciers ; dès son début, il se trouva en présence de ces questions un instant amorties qui se redressèrent bientôt avec des mouvements formidables. Les partis choisirent précisément pour y établir leur champ de bataille ce problème du travail et de la subsistance qui avait résisté à la gloire de l'empire comme aux froids dédains, du gouvernement déchu. L'ordre fondé en 1830 est sorti victorieusement de la lutte. Ce résultat, il le doit surtout aux principes économiques où il a puisé toute sa force. Dans un temps ou les intérêts ont pris la place des croyances, le moyen de s'en faire une défense, un rempart, c'est de les associer, de les aux autres dans ce qu'Ils ont de commun. Aux institutions religieuses, irrévocablement détruites, doivent succéder des institutions économiques qui les remplacent dans leur destination tutélaire. Ce besoin s'est traduit depuis quelques années, en France, par des tentatives incroyables. Passons sur les cendres encore tièdes de ces entreprises colossales qui, sous le nom de commandites, ont agité la fortune publique. Il ne faut pas s'effrayer des ruines dans une voie et sur un sol inconnus qui tremblent encore des dernières secousses que leur a imprimées la chute d'une société établie par plus de huit siècles. Aujourd'hui une foule innombrable de compagnies mutuelles d'assurance s'élèvent sur des millions, les unes bonnes, les autres mauvaises, mais toutes fondées autour de ce principe vital, l'association. Au milieu de ces caisses, de ces banques créées par la spéculation, et sur lesquelles l'état étend plus ou moins sa surveillance, il existe une institution qui les efface toutes : nous voulons parler de la caisse d'épargne. Ce n'est pas seulement par la masse de son numéraire qu'elle défie toute rivalité, sa destination la rend encore plus précieuse à nos yeux ; la caisse d'épargne est le grand livre des ouvriers.

La véritable origine des caisses d'épargne doit être rapportée à l'Angleterre, ou, pour mieux dire, à l'Écosse. La Suisse a revendiqué l'honneur de cette création ; mais les caisses d'épargne, si l'on peut leur donner ce nom, qui existaient, depuis un grand nombre d'années, dans le pays, étaient complètement inconnues au dehors : il ne serait jamais venu à personne l'idée d'aller les chercher là, et, de plus, le système sur lequel elles étaient fondées méritait peu de trouver des imitateurs. Par une force d'attraction peu commune, l'institution, à peine établie en Angleterre, fut exportée en France ; deux années lui suffirent pour traverser le détroit : 1816 avait vu fonder la première caisse d'épargne à Londres, 1818 vit naître la caisse d'épargne de Paris.

Nous devons arrêter un instant nos regards sur ces caisses d'épargne d'Angleterre, qui ont servi de modèle aux nôtres ; leur but fut celui-ci : ouvrir, aux plus basses classes de la société un lieu de dépôt pour leurs petites économies, en leur accordant, chaque mois, un intérêt raisonnable, et en leur laissant d'ailleurs toute liberté de retirer leur argent, en tout ou en partie, à quelque époque que ce soit. Un écrivain français signala, en 1817, le système d'organisation de la caisse d'Edimbourg, qui était et qui est encore la plus importante des trois royaumes. On y reçoit toute somme au-dessus d'un shelling ; mais, quand la masse des dépôts d'un individu s'est une fois élevée, à 10 livres sterling (dix louis), on lui ouvre alors un crédit équivalent sur une forte maison de banque, et la caisse d'épargne continue d'enregistrer, comme par le passé, ses économies. Les résultats de ces petits placements sont plus considérables qu'on ne l'imaginerait d'abord : une épargne de 2 shellings par semaine, continuée exactement pendant vingt années, s'élèvera à un capital de 104 livres 12 shellings (2,510 fr. 50 c.) ; ce qui, avec les intérêts, calculés sur les statuts de la banque d'Édimbourg, donne une somme de 157 livres sterling (3,768 francs). Les caisses d'épargne, comme on le voit, ont donc été fondées sur ce double principe, que les petits courants forment les grands fleuves, par suite des accroissements continus, et que le moyen de toute amélioration dans la condition matérielle des hommes, c'est le sacrifice des convoitises du moment au bien-être de l'avenir.

Le dimanche 15 novembre 1818, un certain nombre de banquiers, à la tête desquels se trouvait M. Benjamin Delessert, sous la présidence de M. le duc de Larochefoucauld-Liancourt, ouvrirent la première caisse d'épargne française, qui rencontra plus d'un genre d'obstacles. Le gouvernement d'alors envisageait avec une sourde défiance les progrès d'une institution qui contrariait ses desseins ; loin de rien faire pour propager les secours de la prévoyance, il employa sa puissance à les limiter ; tandis que l'Angleterre se couvrait de caisses d'épargne, il n'en existait pas, en France plus d'une dizaine au moment de la révolution de juillet. Le nouvel établissement eut surtout à lutter contre une autre institution fameuse, qui flattait par ses promesses séduisantes la misère du peuple. Au reste, le résultat de ce duel, ne pouvait être longtemps douteux ; la victoire pencha du côté des doctrines économiques de l'époque et de l'inexorable bon sens : la caisse d'épargne venait de naître, la loterie disparut.

Il ne faut calomnier personne ; aujourd'hui surtout que la loterie est au rang des institutions déchues, il convient de la juger avec impartialité. La loterie s'appuyait sur un sentiment de la nature humaine dont les pères de l'église avaient fait une vertu théologale, dont les physiologistes modernes ont fait un organe du cerveau ; ce sentiment est l'espérance. Quand la foi au paradis vint à pâlir, la société eut besoin d'une institution aléatoire qui plaçât dans cette vie l'attente d'un meilleur sort. En faisant luire aux yeux de la classe souffrante le miroir des illusions, la loterie flattait cet instinct du merveilleux qui avait été si longtemps exalté par les croyances du moyen-âge. La loterie s'associait d'ailleurs plus qu'on ne croit, au sentiment religieux : combien de cierges allumés par de vieilles femmes sur les triangles en fer de nos églises, dans l'attente d'un extrait, d'un ambe ou d'un terne ! Que de sous tombés dans le tronc du culte, auxquels on demandait des pièces blanches ! Au point de vue matériel, cette institution se soutenait par le désir du gain ; si l'on peut définir la pauvreté un billet non gagnant dans la loterie de la vie, l'homme auquel ce triste lot était échu avait peut-être quelque droit de demander à remettre la main dans l'urne : ce second tirage pouvait corriger pour lui le tirage de la naissance. Ces raisonnements ne trouvèrent pas grâce devant la froide logique des publicistes : presque tous, scandalisés des abus d'une institution qui dévorait les économies de la classe pauvre, la condamnèrent comme immorale. En retirant la loterie, on a enlevé du monde une grande poésie, celle du hasard ; mais il faut reconnaître que cette poésie était ruineuse pour le peuple, et qu'on a bien fait d'y substituer un système d'épargne plus en rapport avec les mœurs économiques de notre siècle. La restauration était le gouvernement des croyances ; le nouveau pouvoir était le gouvernement de la raison et des intérêts matériels : le premier avait favorisé la loterie, le second la frappa.

La révolution de 1830 imprima aux caisses d'épargne un mouvement considérable ; les doctrines sur lesquelles leur prospérité devait s'établir furent soutenues par tous les hommes qui s'intéressaient à la monarchie fondée en juillet. Voici en quelques mots ces doctrines conservatrices : amasser un bien solide sur lequel le hasard ne domine pas, chercher des appuis dans le travail et dans l'économie, étendre aux années futures les précautions dictées par la sagesse. Ce langage est sévère ; les rêveurs et les poètes aimeront mieux celui du Christ, lorsque, faisant observer au peuple la splendeur des lis, qui ne travaillent ni ne filent, et la douce insouciance des oiseaux du ciel, qui n'amassent pas de blé pour l'hiver dans des greniers, il exhortait les hommes à la confiance en Dieu. Aujourd'hui, ce beau langage ne serait plus de nature à être écouté ; l'état conseille sans cesse au peuple, malgré l'Évangile, de songer au lendemain, de s'inquiéter des vêtements qu'il portera dans la saison froide, et du pain qu'il mangera dans ses vieux jours. Que faire à cela ? C'est la doctrine du siècle, c'est celle de la philosophie et du bon sens. La nature s'occupe bien tous les ans de filer de ses doigts délicats la tunique des lis ; mais la société ne se charge pas de fournir des habits à ses enfants : les oisifs ou les imprévoyants courent donc grand risque d'aller tout nus parmi les fleurs écloses. Il faut nous résigner à vivre économiquement et prosaïquement. C'est la loi du temps ; nos regrets n'y peuvent rien changer. Les sociétés modernes ne défendent pas à l'homme de demander son pain de chaque jour à notre père qui est aux cieux ; mais elles lui conseillent, surtout de le demander à ses bras, à son intelligence, à son travail. On ne connaît plus guère cette aveugle Providence, qui, étant censée élargir ses mains sur toutes les créatures, pouvait engendrer chez l'homme la paresse, l'oubli du lendemain, l'incurie pour lui et pour les siens de la stérile vieillesse ; on croit aujourd'hui à la providence du sage, qui, tout en se confiant dans la bonté du Créateur, veille néanmoins lui-même sans cesse pour éloigner de son patrimoine les chances de ruine et pour accroître le bien-être autour de sa famille, la providence, en un mot, de l'homme qui prend pour devise le précepte du fabuliste : *Aide-toi, le ciel t'aidera.*

L'église a été obligée de subir elle-même l'influence des idées économiques ; une caisse d'épargne a été fondée à Rome, et Grégoire XVI a recommandé du haut de son siège l'usage de cet établissement, comme utile aux bonnes mœurs. « Le jour du Seigneur, s'écrie-t-il, sera mieux sanctifié, parce qu'on y épargnera l'argent dépensé à jouer ou à boire. » Au nombre des services publics que les caisses d'épargne sont appelées à rendre, le Saint-Père signale encore celui-ci : *Les délits diminueront, car la misère et la faim conduisent certainement au mal.* Presque tous les gouvernements se sont empressés d'accueillir une institution qui devait les affermir contre l'esprit de désordre et contre les suites du malaise dans les classes ouvrières. La fortune de l'état, enfermant en soi tant de fortunes particulières, les intéresse toutes à sa stabilité.

L'économie n'est pas une vertu nouvelle dans la classe bourgeoise ; l'histoire de la bourgeoisie nous présente, au contraire, un système d'économie opiniâtre, suivi sans relâche durant huit siècles, et arrivant pas à pas à son but, c'est-à-dire à la révolution de 89. C'est au moyen de l'épargne que le serf primitif a racheté sa personne d'abord, et ensuite une à une toutes ses libertés, violemment confisquées par le régime féodal. La bourgeoisie en France avait inventé la caisse d'épargne longtemps avant 1818 cette caisse était le territoire sur lequel sans cesse elle plaçait le produit de son travail, et dont elle finit par devenir propriétaire. Il n'en était pas de même du peuple. Pauvre et prodigue, ce dernier dissipait les fruits de son dur labeur. Il y a trente ans, l'ouvrier vivait encore au jour le jour ; il ignorait les ressources réputation de fourmi. Son imprévoyance avait souvent des suites funestes. Que faisait-il dans la belle saison et quand l'ouvrage allait bien ? Soir et matin, à tout venant, il chantait, ne vous déplaise, au cabaret, du coin ; mais après l'été venaient les temps de bise et de chômage : il lui arrivait souvent d'être réduit à subir le froid et la faim. Que devenir ? Il songeait alors à emprunter, comme la cigale, de la fable. Par malheur, la bourgeoisie n'est pas prêteuse, ou elle ne prête qu'à gros intérêts et sur nantissement. Il fallait donc porter ses vêtements et son linge au mont-de-piété qui, avance d'une main et qui retire de l'autre ; après les habits, on s'en prenait aux meubles, qu'on vendait pour avoir du pain. Tout cela était triste et déchirant ; on jurait alors, mais un peu tard, qu'on ne se laisserait plus aller à la dissipation, sœur de la misère ; puis revenaient des temps meilleurs, et l'on recommençait la même vie insouciante. Des habitudes d'ordre et de prévoyance ne se forment pas en un jour dans le sein d'une classe de la société qui a justement contracté des habitudes contraires ; il a fallu du temps à l'institution de la caisse d'épargne pour faire pénétrer son esprit dans les masses et pour vaincre la résistance des mœurs plébéiennes. C'est à ces obstacles invétérés qui ont entouré sa marche dans les commencements qu'on doit surtout rapporter la lenteur de ses progrès durant les dix premières années. Dans la voie de l'économie, comme dans celle du désordre, ce n'est que le premier pas qui coûte. L'épargne attire l'épargne ; celui qui a amassé une fois veut amasser encore. Ce résultat devient de jour en jour plus sensible dans la classe ouvrière ; quelques publicistes commencent même à s'alarmer du succès moral des caisses d'épargne ; en créant la prévoyance dans les masses, elles y ont créé l'égoïsme. On rencontre dans le peuple moins de charité mutuelle qu'autrefois, moins de ce désintéressement et de cette bienveillance fraternelle qui ont fait dire à Béranger : « Vivent les gueux, ils s'aiment entre eux ! » Les gueux ne s'aiment plus guère ; ils commencent à adopter la devise économique de la bourgeoisie : chacun pour soi. Seulement Il est peut-être injuste d'accuser ici une institution du principe même qui l'a fondée ; les caisses d'épargne ne sont pas la cause, mais la suite et l'expression de ce mouvement d'individualisme qui entraîne à cette heure les sociétés. Il est plus facile de déclamer contre cette tendance que de l'arrêter ; nous croyons que les meilleures résistances se briseraient à lutter contre cette force fatale ; il faut accepter ce qui vient du peuple et ce qui vient de Dieu. L'économie a aussi sa grandeur, puisque c'est par elle que la liberté est entrée dans les états-généraux.

Exhorter la classe ouvrière à se former de ses épargnes une réserve pour l'avenir, c'est lui indiquer le chemin, qui a conduit la bourgeoisie, sans secousses et sans spoliations, au rachat de ses droits politiques. La même cause produirait, dans un temps donné, les mêmes effets chez cette portion inférieure du peuple qui a vainement tenté d'améliorer son sort par les soulèvements de la force. Un vaste système d'épargne, suivi avec courage, amènerait, sans bouleversements, ce grand résultat vers lequel marchait un instinct aveugle et stérile de destruction : transformer peu à peu l'ouvrier en artisan, le prolétaire en propriétaire de ses instruments de travail. Or, la propriété se forme, dans les classes pauvres, du travail qui acquiert, de l'économie qui conserve, et de la prévoyance qui place à intérêt les fruits de l'économie. Le gouvernement, loin de s'effrayer de ce progrès, doit tendre lui-même à l'accomplir. La force et la durée d'un état ne s'établissent que sur la prospérité de tous : à la providence ancienne, qui laissait l'homme dans l'incertitude de ses voies, doit succéder maintenant une providence sociale, dont la main active et visible s'étende à toutes les existences rassurées. Plus que toute autre institution, la caisse d'épargne nous semble de nature à créer dans les familles les habitudes d'ordre et de confiance qui intéressent la stabilité des pouvoirs. Le père chargé d'ans pourrait reposer tranquillement sa tête sur l'oreiller de la tombe sans entrevoir pour ses fils, et surtout pour ses filles, un avenir gros de tentations, de périls et de déshonneur, que ses sacrifices auraient conjuré. Cette source ouverte à l'hérédité par le labeur et l'économie finirait de la sorte par tarir la misère. De tels résultats seront lents à paraître, mais il faut se souvenir que Dieu a semé les institutions utiles à travers l'espace et le temps, comme pour servir de marque à sa toute puissance et de témoignage de notre faiblesse.

Créer la propriété chez une classe étrangère à ses bienfaits est une œuvre immense qui ne peut sortir que du travail, des siècles. Nous savons pourtant qu'il n'existe pas d'autres sources d'aisance pour une classe de la société que la lente succession des efforts : les moyens violents peuvent faire naître une propriété vague, éventuelle, fugitive, qui s'en aille comme elle est venue, mais non une propriété assise qui se conserve et se transmette. Il faut, pour réaliser cette dernière, une suite de travaux et d'économies incessantes qui s'ajoutent séculairement les uns aux autres, comme les grains de sable dont l'entassement a formé les montagnes du globe. Il est seulement bon que l'état accoutume les classes ouvrières à s'appuyer sur sa protection. Les caisses d'épargne atteignent ce but elles élèvent le peuple sans le détacher de cette classe moyenne avec laquelle il a tant de liens profonds et nécessaires. La bourgeoisie est intéressée à l'amélioration du sort des travailleurs, ne fût-ce que pour faire disparaître cette plaie hideuse du paupérisme qui ronge et défigure les sociétés modernes. Des esprits que la fortune retient captifs dans ses délices n'ont peut-être jamais regardé aux souffrances de la classe déshéritée : il n'en est pas moins vrai que ces souffrances existent. Les statistiques sont là pour répondre aux froides dénégations de l'égoïsme, Encore cette misère officielle, enregistrée, chiffrée dans les livres, ne représente-t-elle qu'un côté du malaise de la société : à côté d'elle, il y a la misère anonyme, honteuse, inconnue, qui s'enveloppe dans son manteau troué. Combien de familles dans le dénuement rejettent les dons d'une charité publique qu'il faut conquérir par des certificats ! Combien d'âmes encore raides et fières sous la chape de plomb de la nécessité refusent de se baisser pour ramasser à terre une aumône inscrite sur le livre de la mairie ! Ce n'est pas tout : les caisses d'épargne ne sont pas fondées seulement pour le peuple, pour cette classe d'hommes sans lendemain, dont le travail est le seul capital, mais aussi pour la petite bourgeoisie, pour cette classe intermédiaire, si nombreuse, qui se voit menacée plus que toute autre par la concurrence. Les pertes et les ruines subites entrent par trop d'endroits dans la fortune des petits commerçants pour pouvoir être arrêtées de toutes parts ; la prévoyance leur conseille donc de s'affermir ailleurs et de chercher dans un placement de fonds assuré une ancre contre les instabilités du négoce.

On a dit qu'il était plus facile d'acquérir que de conserver. Ceci est surtout vrai du commerce de notre époque, soumis à mille chances aléatoires et mobiles ; cela est même vrai du travail, sans cesse variable et inégalement rétribué. Autrefois, quand la société était calme, quand les générations se succédaient autour du centre immuable de l'église ; quand des ordres religieux, riches et puissants, employaient de siècle en siècle dans les campagnes un nombre considérable d'ouvriers ; quand la fortune ne se déplaçait guère de certaines familles, chez lesquelles le temps l'avait pour ainsi dire consacrée, on comprend que l'insouciance pût se reposer sur le présent. Il n'en est plus de même aujourd'hui : il faut compter à cette heure non-seulement avec le présent, mais encore avec l'avenir, car ce dernier fait prendre çà et là aux évènements humains une face inattendue. Ne voyons-nous pas chaque jour des fortunes subites mettre à décroître et à s'évanouir la même rapidité qu'elles avant mise à se former sous nos yeux ? Il est donc devenu nécessaire de songer au lendemain. Au milieu de cette situation tempétueuse qui dérange à chaque instant toutes les prévisions, un immense besoin se fait sentir, celui de s'abriter sous des institutions nouvelles. C'est à l'économie politique le remplir le vide laissé par la disparition des ordres religieux ; elle y parviendra en créant des établissements sages et tutélaires, où le travailleur trouve le moyen d'appuyer ses forces à celles de l'association. Les caisses d'épargne, si elles étaient établies sur une base large et populaire, rendraient sous ce rapport d'éminents services. Ces institutions seraient profitables à tous les points de vue : au point de vue moral, en ce qu'elles développent chez les classes laborieuses le sentiment de la prévoyance et du sacrifice, qui servent de germe à toutes les vertus sociales ; au point de vue politique, en ce qu'elles créent chez les générations futures, qui participeront de la sorte au bienfait de l'hérédité, un véritable amour de l'ordre ; au point de vue industriel, en ce que, par la réunion des capitaux, elles permettraient un mouvement de fonds considérable pour alimenter le commerce, l'agriculture, la navigation.

Nous allons achever en quelques traits l'histoire des caisses d'épargne en France. Cette institution, qui avait jusqu'alors vécu sous le régime des ordonnances, passa en 1835 sous celui de la loi. L'usage des fonds déposés à la caisse d'épargne a subi quelques modifications. La loi du 5 juin 1835 avait laissé au trésor la gestion de l'argent des caisses d'épargne ; il en résultait plusieurs inconvénients : le plus grave de tous était d'absorber des sommes considérables et de les condamner à l'inaction, les règlements de la trésorerie lui défendant de placer ses capitaux au dehors. Une autre loi, celle de mars 1837, se proposa de remédier au mal, en chargeant du service des caisses d'épargne la caisse des dépôts et consignations, plus libre dans ses allures, et qui peut à volonté employer ses fonds, soit en rentes sur l'état, soit en actions des canaux, soit en prêts aux communes, soit enfin en bons royaux. C'était un pas bien débile sans doute et bien timide, mais enfin c'était un pas vers la mobilisation du capital des caisses d'épargne. Le plus grave reproche, et selon nous le plus fondé, que les adversaires de cette institution renouvellent sans cesse, est en effet que la caisse d'épargne retire du commerce des fonds énormes, sans leur imprimer une activité, sans les faire vivre en quelque sorte ; car l'argent dans un état vit et respire comme le sang par la circulation ; Malheureusement ce progrès, si faible qu'il fût, se vit bientôt lui-même entravé dans sa marche par des obstacles matériels. Pendant un temps, la caisse des dépôts et consignations put acheter des rentes au-dessous du pair ; mais les fonds des caisses d'épargne allant toujours croissant, et d'un autre côté, la rente cessant de présenter un intérêt égal à celui qui est dû aux caisses d'épargne (4 pour 100), la caisse des dépôts et consignations ne se soucia pas de rester à découvert, et au lieu de continuer ses emplois de fonds, elle préféra en laisser la plus grande partie au trésor. Voilà donc l'institution retombée, à peu de différence près, sous le régime vicieux de 1835. Les administrateurs conviennent eux-mêmes que cet état de choses n'est pas régulier. Pour rétablir l'équilibre, il est question d'employer dans un avenir prochain 100 ou 150 millions provenant des caisses d'épargne. Nous croyons que le choix des administrateurs n'est pas fixé sur l'exercice qu'il conviendrait d'imprimer à cette masse de capitaux.

Pour mieux juger la situation financière de nos caisses d'épargne, il faut la placer en face de ce qui existe de l'autre côté du détroit : les caisses d'épargne d'Angleterre, d'Écosse et d'Irlande réunies, possèdent aujourd'hui plus de 650 millions ; celles de France n'en ont pas plus de 360. La différence en moins provient de la lenteur avec laquelle, pendant les premières années, l'institution s'est développée dans les départements. La France, demeurée un instant au-dessous de ses industrieux voisins, tend à reprendre son rang : l'augmentation en sommes déposées, dans les cinq dernières années, a été de 41 millions. Si ce progrès continuait dans la même proportion pendant douze ans, le nombre total des déposants à la caisse d'épargne de *Paris seulement* se trouverait être de trois cent mille, auxquels il serait dû environ 200 millions. L'accroissement des dépôts dans les caisses d'épargne des départements est encore plus considérable qu'à Paris, et l'œil de l'économiste entrevoit déjà le moment où l'institution sera dépositaire dans tout le royaume de plus d'un milliard. Cette prospérité est si grande, qu'elle commence à jeter l'alarme dans certains esprits ; on s'effraie d'un succès qu'on a provoqué, et déjà les caisses d'épargne sont accusées de trop bien remplir leur destination. Nous ne nous dissimulons pas ce que cette accusation a malheureusement de trop fondé : s'il survenait une crise, si une panique excitée par des évènements imprévus arrivait à jeter la perturbation dans les affaires, les 360 millions que les caisses d'épargne ont maintenant en dépôt seraient redemandés. En 1840, alors que la menace de la guerre sema dans les esprits un commencement d'inquiétude, les remboursements des dépôts d'épargne dépassèrent les versements de 400,000 francs, puis le mois suivant (octobre) de 4 millions. Or, ce sont ces années de bruits de guerre et de crainte sourde que les adversaires des caisses d'épargne ne prennent avec raison pour point de comparaison des périls futurs. Que fera l'état, quand une population inquiète, turbulente, livrée par avance à toutes les terreurs de la faim, viendra s'entasser dans la rue à la porte de la caisse, pour réclamer son argent ? Ne restera-t-il pas lui-même les mains vides, pris qu'il sera au dépourvu entre des obligations énormes et la nécessité de faire face à des évènements qui menacent le pays ? Que résultera-t-il de cet embarras inévitable ? Une perte affreuse pour les déposants, et pour le gouvernement, disons le mot, une banqueroute.

Une commission s'est formée très récemment, dans le but de prendre des mesures pour que des demandés de remboursement subites et trop considérables ne viennent point à amener quelque désastre. On a proposé et discuté longuement divers moyens plus ou moins capables de conjurer les éventualités de la peur ; quelques-uns étaient d'avis qu'on trouverait un remède aux inconvénients de la position actuelle dans l'augmentation du délai entre la demande et le remboursement ; ils estimaient qu'on pouvait fixer ce délai à six semaines. Ce terme leur paraissait suffisant pour donner à l'opinion publique le temps de se calmer, et pour prendre toutes les mesures que les circonstances rendraient nécessaires. Les hommes de pratique ont rejeté ce moyen comme dangereux ; l'expérience a au contraire démontré dans les années orageuses, à la suite des émeutes qui ont ébranlé Paris, que le meilleur moyen de rassurer les déposants pâles et agités qui venaient en hâte retirer leurs mises était de leur montrer de l'argent. Quelques-uns perdaient à l'instant même une résolution dictée par la peur, en voyant la facilité qu'ils avaient de rentrer dans leurs créances. La véritable manière pour ne pas être contraint à payer, c'est de montrer qu'on en a les moyens. D'autres déposants qui avaient retiré leur somme s'en trouvaient bientôt embarrassés, et venaient la rapporter au bout de quelques jours, non sans l'avoir légèrement écornée çà et là aux folles dépenses de la vie ; ils juraient alors, honteux et contrits, de ne plus se laisser prendre à la crainte.

Après avoir longtemps envisagé la difficulté sous toutes ses faces, l'avis de la commission a été qu'il n'y avait rien à faire. Les adversaires des caisses d'épargne prendront cette conclusion pour une déroute ; ils diront que le problème ; resté insoluble, ayant vaincu les esprits les plus capables, les dangers de cette institution subsistent tout entiers. Il y a sans doute là un inconvénient que tout le monde admet, mais il ne faut pas l'exagérer. Il faut surtout se défendre de cette prévoyance ombrageuse qui va toujours chercher ses obstacles dans l'exception, dans la conjecture, dans l'éventualité, et qui se prive de faire le bien dans un présent certain, par la crainte souvent imaginaire d'un avenir douteux et chimérique. Sans doute on ne doit pas s'endormir dans un quiétisme aveugle quand il s'agit d'intérêts, et surtout des intérêts de la classe laborieuse, mais les alarmistes ont aussi le défaut de tout troubler sans rien fonder ni rien modifier. Pour que la caisse d'épargne fût renversée, il faudrait autre chose qu'une émeute, autre chose qu'une panique, autre chose même qu'une guerre étrangère ; il faudrait une invasion. Oui, il faudrait que la France fût conquise anéantie, démembrée, qu'elle eût cessé d'être la France. Eh bien ! nous le demandons, quelle est l'institution qui survivrait à cette mort nationale ? Aucune, assurément. La caisse d'épargne, en s'abîmant dans une catastrophe et une tourmente universelles, ne ferait donc que subir une loi inévitable. Éloignons de nos regards cette triste et fantastique prévision de maux que la main de la Providence écartera à jamais de notre pays. Ajoutons, pour nous rassurer et pour raffermir la confiance dans cette masse si nombreuse de travailleurs qui va porter ses économies à la caisse d'épargne, que l'Angleterre se trouve sur ce point dans le même cas que la France. Or l'Angleterre ne craint pas. Un des administrateurs de la caisse d'épargne de Londres, pressé par l'agent central de la caisse d'épargne de Paris de s'expliquer sur l'évènement possible d'une révolution, lui donna cette réponse : « Je ne ferai jamais entrer dans mes combinaisons le déluge universel. » Le monde a eu plusieurs déluges, et la France déjà traversé deux révolutions ; or il est juste de proclamer qu'aucune institution vraiment utile n'a péri dans ces transitions violentes d'un gouvernement à un autre. Pourquoi donc la caisse d'épargne périrait-elle ? Cette providence sociale dont nous avons parlé plus haut, et qui est chargée de veiller sur les destinées des peuples modernes, doit prendre exemple sur la providence divine dont elle émane ; or celle-ci, loin de s'arrêter devant l'œuvre de la création aux idées de cataclysmes qui, à plusieurs fois, ont bouleversé la face du monde terrestre, n'a cessé au contraire d'y répandre à pleines mains les trésors de sa fécondité, sachant bien que derrière ces révolutions et ces désastres de la nature la vie reprendrait son cours, et l'ordre général des choses son immuable puissance.

L'administration de la caisse d'épargne de Paris occupa longtemps une aile de bâtiment qu'elle tenait de la générosité de la banque de France ; en 1841, le nombre toujours croissant des opérations l'obligea d'acheter un immeuble considérable qu'elle paya 460,000 francs. Rue Coq-Héron, en face de la poste aux lettres, s'élève un ancien hôtel, remarquable à l'extérieur par ses grandes proportions ; un corps de logis en pierre de taille développe deux ailes latérales qui se rejoignent par la porte d'entrée ; le style monumental de cet édifice particulier étonne surtout dans un temps comme le nôtre, où l'on ne bâtit plus que de chétives maisons ; son origine doit remonter à la fin du XVIIe siècle. Les titres de propriété constatent que cet hôtel a appartenu a un fermier-général allié, de la famille des Nicolaï ; plus tard, lorsque l'industrie et la spéculation eurent détrôné l'ancien système financier, trois frères vinrent s'installer à la place du fermier-général, et établirent sous ces murs une banque dont l'existence se termina par une ruine. Ces banquiers étaient les frères Enfantin. Dans le même hôtel s'écoulèrent les premières années de l'adolescence et de la jeunesse pour l'apôtre du saint-simonisme ; cet ancien édifice, berceau d'une doctrine qui promettait d'améliorer le sort matériel des classes ouvrières, sert maintenant de résidence à l'une des institutions les plus philanthropiques du XIXe siècle.

Les bureaux de la caisse d'épargne de Paris présentent l'image de l'ordre ; l'administration a trouvé le moyen d'y résoudre ce problème ardu exécuter des travaux considérables au moyen d'un petit nombre d'employés. Ces résultats généraux sont dus à M. Agaton Prevost, qui a su créer pour les versements et les remboursements un mécanisme simple et facile. Les connaisseurs regardent ses travaux en ce genre comme un chef-d'œuvre de comptabilité. On comprendra l'importance de cette œuvre, quand on saura que les versements montent aujourd'hui à un million par semaine, et qu'ils sont effectués par plus de six mille personnes. Le bureau central reçoit les dépôts, le dimanche et le lundi de chaque semaine, depuis dix heures jusqu'à deux. Nous avons eu la curiosité de faire le guet à la porte, de la caisse, pendant les jours de recette, pour étudier la physionomie de la classe à laquelle appartenaient ces citoyens économes. Nous y avons vu une population mêlée ; cependant nous croyons vrai de dire qu'en général les clients qui hantent le bureau de la banque de France s'élèvent vers les classes aisées. Il n'en est pas de même dans les autres bureaux de la capitale.

Outre l'hôtel de la rue Coq-Héron, dans lequel la caisse d'épargne de Paris a établi ses bureaux, et le local provisoire de la rue de la Vrillière, que la banque de France prête depuis longues années à l'institution, il existe dix succursales ou bureaux de recette ouverts deux jours par semaine durant quelques heures, et presque tous annexés à la mairie des divers arrondissements. Ces succursales ont été créées en vue de la classe ouvrière, pour laquelle le temps est le plus précieux des capitaux ; on a voulu lui éviter ainsi des démarches et des dérangements considérables qui l'auraient dégoûtée de placer ses économies. Ces bureaux auxiliaires ne suffisent pas encore, il faut le dire, aux besoins de l'épargne chez les travailleurs. Il en résulte que plusieurs d'entre eux, dans la crainte d'une perte de temps, ne se décident qu'une ou deux fois par année à se mettre en marche pour verser dans les mains de l'institution le fruit de leur bonne conduite. Il est consolant de voir cette population ouvrière, qu'on représente si souvent comme esclave de ses appétits et de ses convoitises, avoir assez de sagesse ; assez d'empire sur elle-même, assez d'habitude et de pratique de l'économie, pour écarter l'attrait des dépenses frivoles et pour conserver à domicile durant plusieurs semaines, souvent même durant plusieurs mois, les deniers qu'elle a prélevés jour par jour sur son modique salaire. Néanmoins cette somme, acquise à la sueur du front, court d'autant plus de risques de se dissiper, qu'elle se trouvent plus à portée de la main. Quand le lundi, la banlieue, la fête du compagnonnage, le beau temps, le sexe tendre, ou tout autre diable poussant, on n'a qu'à introduire la clé dans une armoire, afin d'en retirer du bon argent tout prêt, il faut vraiment avoir le cœur armé d'une triple cuirasse d'économie pour résister. Il serait du devoir d'une société bienfaisante d'éviter à la classe ouvrière ces tentations. La ville de Paris, qui possède en revenu près de 50 millions, pourrait bien concéder une somme de cent mille francs pour établir une succursale dans chaque quartier ; cela ne formerait encore que quarante-huit bureaux, et la loterie en comptait cent.

La nature de la population des arrondissements de Paris imprime son caractère au mouvement de ces succursales ; les bureaux qui font les plus fortes recettes et qui délivrent le plus grand nombre de livrets sont toujours les bureaux situés à proximité de la classe ouvrière. Les deux succursales du faubourg Saint-Antoine et des quartiers Saint-Denis et Saint-Martin se présentent en tête de toutes les autres, avec leur armée de travailleurs économes. Les plus importantes, après ces deux premières, sont celles de la rue de Grenelle-Saint-Germain et de la rue d'Anjou ; les hommes de service s'y montrent plus nombreux que dans les autres quartiers ; la moyenne des versements y est plus élevée ; on y sent la présence de gens à gages, qui, se trouvant nourris par leurs maîtres, sont plus à portée que d'autres de réaliser des bénéfices et de les convertir en épargnes. C'est toujours dans les premiers mois de l'année qu'ont lieu les plus fortes recettes ; elles ont été de 4,906,000 francs en janvier 1843 ; ne pourrait-on attribuer cette circonstance au voisinage du jour de l'an, qui enfle de ses étrennes la bourse des domestiques ? La statistique de la population et des recettes de la caisse d'épargne donne le bilan de l'économie parisienne. Longtemps on a cru, et plusieurs croient encore, que la plus nombreuse clientèle de cette institution est formée des gens de service. Ce résultat serait déplorable ; sans vouloir exclure personne des secours de la prévoyance et de la charité sociales, nous ne craindrons pas de dire que cette classe parasite, fainéante, louée à terme, qui achète volontairement l'aisance au prix de la liberté, est la moins intéressante de toutes et a d'ailleurs le moins besoin de notre protection. Ceux qui raisonnent dans cette hypothèse ont accusé, non sans raison, les caisses d'épargne de développer des goûts de rapine et d'avidité dans une race qui n'est déjà que trop portée à étendre ses mains. Tout cela peut être vrai, pourtant il ne faut pas envisager une grande et sérieuse institution à travers les imperceptibles inconvénients qui obscurcissent çà et là ses irrécusables services. Sans doute, il y aurait un danger grave à ce que l'argent confié aux caisses d'épargne fût le fruit du vol au lieu d'être le fruit de l'économie ; nous allons voir que ce danger n'existe pas.

Il est faux que la classe ouvrière soit restée étrangère aux bienfaits de la caisse d'épargne ; ce qui est vrai, c'est qu'elle y est venue lentement. Au commencement, la catégorie des domestiques entrait pour moitié dans la clientèle de cette institution ; plus tard, elle ne formait que le tiers, et enfin aujourd'hui elle ne compte plus que pour un cinquième. Tandis que la classe des gens de service subissait ce mouvement de décroissance, celle des ouvriers suivait un mouvement contraire d'ascension ; dans les premiers temps, on remarquait avec peine leur absence ; quelques années après, on les voyait constituer un sixième, puis un quart, puis un tiers, et enfin aujourd'hui ils forment la majorité des déposants. Pour exprimer leur situation en chiffres, nous sommes fondé à dire que le nombre des ouvriers qui versent à la caisse d'épargne est de 90,000, et celui des domestiques de 34,000. Les hésitations de la classe ouvrière, dans les commencements, n'ont rien qui doive nous surprendre ; d'abord il a fallu du temps aux travailleurs pour faire leur éducation d'économie ; des habitudes invétérées de désordre et de dissipation ne se suppriment pas en un jour ; il a été nécessaire de les détourner peu à peu, avant de créer à la place des habitudes nouvelles ; ensuite la défiance a arrêté les progrès de l'institution. Celui qui possède le moins est celui qui craint le plus pour son chétif avoir ; ce fruit de plusieurs années d'épargne se grossit à ses yeux des peines et des sueurs qu'il s'est donné pour l'acquérir, Il y a encore des gens qui cousent des pièces d'or dans leurs vêtements. En 1833, une paysanne des environs de Paris a apporté 300 francs à la caisse d'épargne ; cette somme avait été enfouie en 1814 pour la soustraire à la rapacité des Cosaques. L'argent n'est pas semblable au grain ; l'enfouir n'est pas moyen de le faire fructifier ; si cette femme eût apporté ses 300 fr. en 1818, elle eût possédé 246 fr. de plus en 1833. Cette doctrine commence à pénétrer dans les masses ; la voix de la sagesse souffle à l'oreille de l'ouvrier : « Pourquoi donc avoir caché ton argent dans un linge ? — Les écus ne multiplient pas d'eux-mêmes ; ils ne font pas de petits, comme on dit communément ; si tu les avais portés à la banque, un jour tu les eusses retirés accrus des intérêts. Le peuple, avec cet admirable bon sens qui le caractérise, comprit en outre que c'était le moyen de mettre son argent en lieu sûr ; cet argent si chèrement gagné, si courageusement épargné, avait moins à craindre dans la caisse publique du trésor que dans sa propre maison, où la main des voleurs pouvait, nuit et jour, le surprendre. Ce mouvement une fois imprimé ne s'arrêtera plus. Chaque année, chaque mois, chaque jour voit grossir le budget de la caisse d'épargne ; la force entraînante de l'exemple, la sainte propagande de l'économie, attirent à cette institution, dans la classe ouvrière, des individus jusque-là rebelles à l'ordre, et que les résultats de la bonne conduite de leurs camarades ont, pour ainsi dire, convertis. On voit donc que la caisse d'épargne atteint son but : constituer la richesse dans la classe prolétaire par les moyens qui la font acquérir et conserver.

Toutefois, nous devons le dire, pour que ce but fût complètement atteint, il faudrait que l'esprit de charité se montrât plus actif et plus large dans ses créations. Les caisses d'épargne sont jusqu'ici pour la classe ouvrière une exhortation à l'économie ; elles devraient être un encouragement. En Angleterre, sur la terre classique de l'égoïsme, l'état accorde une pension viagère de 20 livres sterling à tout travailleur sexagénaire qui, depuis l'âge de trente ans, aura déposé dans les caisses d'épargne une somme de 3 shellings par semaine. La classe qui possède a senti la nécessité d'attirer à l'économie par un secours, par un sacrifice, la classe qui ne possède pas. En France, on a laissé faire ; la caisse d'épargne s'est constituée elle-même ; les populations ouvrières, un instant indécises, ont cédé aux avances de l'institution, et sont venues entasser denier par denier une somme exorbitante. L'état a vu ce développement des forces économiques avec un œil favorable, mais il n'a rien fait, ou presque rien, pour le protéger. Nulle prime d'encouragement n'a été offerte à la prévoyance et aux autres vertus qu'elle suppose dans les classes laborieuses, l'abstinence, la probité, l'austère observation de tous les devoirs. L'intérêt servi par l'état est des plus restreints : 4 pour 100, sur lesquels l'administration prélève à bon droit un quart pour les frais de gestion et de bureaux ; reste donc 3 et 3/4 pour 1900 au déposant. C'est peu. On sera surtout frappé de l'exiguïté du bienfait, si l'on compare cet intérêt à celui des monts-de-piété ; dans un prêt hebdomadaire de 3 fr., renouvelé cinquante-deux fois par an, l'intérêt payé par l'emprunteur est calculé sur le taux de 173 pour 100, y compris les frais du commissionnaire. Restons dans les limites les plus modérées : n'est-il pas toujours affligeant de voir l'état emprunter d'une main à 4 pour 100 et prêter de l'autre, dans les cas ordinaires, à 13 pour 100 ? Nous ne nous dissimulons pas les charges qui pèsent déjà sur le trésor et la difficulté qu'il y aurait, dans la situation de nos finances, d'encourager par un don quelconque la bonne volonté des déposants à la caisse d'épargne ; mais s'il est vrai, comme l'avance M. B. Delessert, que *pas un déposant aux caisses d'épargne n'a subi de condamnation devant les tribunaux*, l'argent que l'état débourserait pour aider cette saine institution se retrouverait sur la diminution des frais de justice, de gendarmerie, de prisons et d' hôpitaux. Nous croyons que c'est une bonne économie de favoriser l'économie, et qu'on ne paie jamais trop cher les vertus d'une population. Or, sous ces 365 millions qui forment la réserve matérielle des travailleurs, il y a, selon nous, un autre trésor bien autrement précieux, trésor de devoir et de moralité : chaque franc, chaque sou, chaque liard de cette somme lentement amassée représente une victoire sur soi-même, une résistance aux séductions du plaisir ou de la débauche, un élan d'amour filial, un sentiment réfléchi de l'avenir ; voilà surtout, ce qu'il faudrait exciter par l'émulation.

Il y aurait en outré un danger sérieux à ne pas récompenser les premiers pas de la classe ouvrière dans la voie de l'ordre et de l'économie. Si l'on songe à toutes les suggestions de l'industrie pour attirer à elle les petits capitaux par l'appât de gros bénéfices ; si l'on se met à la place de l'homme du peuple, entouré de prêteurs empressés qui lui offrent un intérêt suborneur, on tremblera pour son modeste pécule. Tel est néanmoins le bon sens de la classe populaire, qu'elle a constamment repoussé ces leurres perfides. Elle s'est dit avec le fabuliste : *Un tiens vaut mieux que deux lu l'auras*, et avec le pape Grégoire XVI, « qu'il vaut mieux un gain petit, mais certain, qu'un grand qui peut échapper. » Ce gain, il faut le reconnaître, est d'ailleurs la moindre des considérations pour les clients de la caisse d'épargne. Ce n'est pas dans le but d'obtenir un intérêt élevé de leur argent que les classes pauvres et laborieuses versent leurs économies dans les mains de cette institution : elles n'ont guère en vue que la conservation du capital ; elles se proposent de mettre en sûreté le fruit précieux de tant de rudes efforts ; et voilà tout. S'il existait beaucoup de dépositaires intègres, la caisse d'épargne deviendrait presque inutile ; mais où est l'ami assez assuré, où est la main assez fidèle pour mériter qu'on lui confie le sort d'une prévoyante vieillesse ? L'ouvrier a compris que l'état était encore le plus solvable des débiteurs. Tout en encourageant le peuple dans cette voie, nous ne pouvons néanmoins nous défendre de regretter que le taux des intérêts de la caisse d'épargne soit ainsi restreint. Conserver et rendre les économies de la classe laborieuse, c'est déjà bien ; nous voudrions qu'on fît mieux, en s'occupant de les accroître. Il résulte de l'état de choses actuel qu'au lieu de voir dans la caisse d'épargne un mode de placement définitif pour l'avenir, les ouvriers s'accoutument à y chercher tout simplement une ressource provisoire contre les cas de maladie, de chômage, et contre les évènements soudains. L'argent passe dans cette institution tutélaire ; il n'y séjourne pas. Quand les versements depuis 1 franc jusqu'à 300 se trouvent constituer la somme de 2,000 francs, qui est le maximum des dépôts, ou celle de 3,000 francs, terme de l'accumulation des intérêts, cette somme est retirée pour être transformée en un établissement, en un achat d'immeuble, en une pension viagère ou en tout autre emploi foncier. En limitant la quotité des versements à 300 francs une fois par semaine, et en arrêtant le compte de chaque individu à la somme totale de 2,000, on a prétendu écarter de cette institution les gens riches qui voudraient mordre dans les bénéfices des pauvres. Où la spéculation va-t-elle se nicher ? Il existe pour les classes aisées mille moyens d'utiliser leur fortune, car l'argent est, de nos jours un capital bien autrement actif que le travail ; comment se fait-il donc qu'elles aillent encore disputer à l'ouvrier le faible intérêt que l'état lui sert pour encourager ses économies ? Quelques spéculateurs ont été jusqu'à cumuler sous leur nom ou sous des noms empruntés plusieurs livrets : il faut flétrir de telles manœuvres ; et malheureusement il y en a eu, il y en a encore. Ces oisifs opulents viennent prendre au banquet de la charité sociale la place du nécessiteux et de l'homme de peine. La caisse d'épargne n'est point créée pour eux ; cette institution, dans laquelle les classes ouvrières, les classes qui ne possèdent pas, s'exercent à l'économie et aux moyens de faire naître l'aisance, n'a point été fondée pour les riches, qui n'ont que faire de ses services.

Si les fonds des caisses d'épargne étaient mobilisés, comme quelques administrateurs le désirent, s'ils étaient employés à des travaux utiles, nous ne verrions plus un si grave inconvénient à ce que tout capital stagnant, et par suite frappé de mort (car la vie pour le numéraire, comme pour les êtres organisés, c'est le mouvement), vint augmenter les forces de la production. Il n'en est pas ainsi : l'état fait en faveur de ces caisses un sacrifice, léger il est vrai, dont il veut faire profiter le travail pauvre, et non la richesse. Dans cette situation, nous regrettons qu'une prime d'encouragement ne soit point accordée aux petites épargnes. Ce serait le moyen d'attirer vraiment à l'institution la classe ouvrière. Nous n'aimons pas à voir figurer sur les livrets ces sommes de 300 francs, surtout quand elles se représentent plusieurs semaines de suite ; nous aimerions mieux l'humble mise de 10 francs, ou même d'un écu, parce que sous ce petit versement il y aurait un germe considérable d'économie. Ce que nous devons surtout désirer, c'est l'exactitude ; c'est que le dépôt, si faible qu'il soit, engagé le lundi se renouvelle le lundi suivant. Or, pour favoriser cette répétition et cette continuité d'efforts, il serait nécessaire de faire entrevoir, derrière les courageuses privations du moment, un avenir à l'homme du peuple. Aujourd'hui, il faut le dire, cet avenir est peu propre à stimuler son ambition. Le compte de tout individu se trouvant arrêté à 3,000 francs, chacun retire cette somme de la caisse, lorsqu'elle cesse de marquer pour les intérêts. Quel emploi en fera-t-il ? La caisse ne s'en mêle plus alors, son rôle est fini ; seulement, pour *dernier bienfait*, elle acquitte, si le propriétaire y consent, les frais d'un contrat de rente sur l'état. Au prix où est la rente, 3,000 fr. représentent 130 francs de revenu annuel, qui donnent 15 sous par jour, c'est-à-dire une ressource presque dérisoire contre les besoins de la vieillesse. On voit donc que la caisse d'épargne laisse encore beaucoup à désirer comme institution tutélaire. Gardons-nous cependant de nier les services qu'elle rend ; la meilleure preuve que le peuple y trouve un avantage, c'est qu'il y vient. Dans cette phase industrielle où nous sommes, le travail se voit chaque jour menacé par des découvertes nouvelles ; chaque jour, des machines suppriment des milliers de bras et remettent en question à l'improviste des existences alarmées. Cette lutte de l'homme avec la matière pour l'asservir et pour dégager les forces morales de la pesanteur des éléments mérite sans doute notre admiration ; mais nous n'avons à la considérer ici que dans ses effets passagers. Ces travailleurs, remplacés par des mécaniques, sont contraints de renouer leur activité à une autre industrie. Il en résulte pour eux des moments de transition pénibles, dans lesquels ils sont heureux de retrouver à la caisse d'épargne le fruit de leurs salaires passés. Acceptons donc cette institution pour ce qu'elle est, une réserve contre l'adversité, en souhaitant toutefois de la voir devenir par la suite une caisse de secours étendus à toute la vie.

Nous ayons déjà vu que la classe des ouvriers et celle des domestiques fournissent les principaux éléments à l'existence de la caisse d'épargne de Paris. Il est possible d'aller plus loin : nous devons à M. A. Prevost, agent général, un relevé statistique des professions qui figurent sur les livrets. Il est intéressant de savoir d'abord lequel des deux sexes l'emporte sur l'autre en économie ? Malgré l'infériorité des salaires, le sexe faible est celui qui, toute proportion gardée, met le plus à la caisse d'épargne ; on voit donc que l'exemple de l'ordre, de la prévoyance et des sages privations vient encore ici du côté de la femme. On peut ajouter qu'il en est de même dans le ménage ; c'est elle, c'est sa faible main qui a retenu souvent la clé de l'armoire dans les moments de crise ou de tentation où l'homme voulait dévorer le fruit de plusieurs semaines de travail et d'abstinence. Nous nous sommes informé de vive voix si la caisse d'épargne avait une influence sur les femmes de mauvaises mœurs ? La réponse a été affirmative. La débauche, ne pouvant être une profession reconnue, ne s'accuse guère d'elle-même : d'où il suit qu'elle n'a pu et n'a pas dû trouver place sur les tableaux que M. A. Prevost soumet tous les ans à l'assemblée générale. La plupart des femmes de petite vertu qui reçoivent des livrets en échange de leurs dépôts se déguisent, suivant leur toilette, sous la profession de rentières ou d'ouvrières. Les employés les reconnaissent du reste, aisément pour ce qu'elles sont. L'une d'elles, qui avait amassé ainsi 2,000 francs, Trouva dans ses économies le moyen de se racheter d'un infâme métier et de monter à Paris un établissement de bains. Quelques moralistes s'indignent de ce résultat général ; nous nous en félicitons au contraire : la misère étant, dans la plupart des cas, la cause première et incessante de la dégradation de ces femmes, nous devons les aider à se relever par l'économie des deniers qu'elles prélèvent sur la brutale libéralité des hommes. C'est au mal de guérir le mal, comme le scorpion qui écrasé, cicatrise lui-même sa blessure. La race des grisettes, cette race frivole et dissipée, qui a la réputation de vivre çà et là comme l'oiseau, volant de branche en branche, becquetant où elle peut, riant quelquefois, chantant toujours, n'est pas elle-même demeurée étrangère aux conseils de la caisse d'épargne. Elle a compris *que le temps des amours ne dure pas toujours*, non plus que celui de la jeunesse fugitive ; la sagesse lui a dit d'assurer son destin sur un roseau moins mobile que le cœur de l'homme et sur une fleur moins fragile que la grâce de son visage. La prévoyance, qui le croirait ? est entrée chez cette folle du logis ; ces mains toujours ouvertes, qui gaspillaient tout au hasard, se sont fermées ; ces petits pieds, qui ne connaissaient guère que le grand chemin du *Prado* ou de la *Chaumière*, ont appris peu à peu la voie étroite de l'économie. Les vieux disent que le monde est changé depuis la révolution ; quel changement survenu en effet, seulement depuis 1830 dans l'humeur de cette jeune fille dont la sagesse a été si longtemps de ne rien prévoir ! Après avoir dissipé le bien de la jeunesse *vivendo luxuriose*, après avoir été mille fois au Mont-de-Piété sans s'en trouver mieux, au contraire, elle s'est dit un beau jour : « On raconte qu'il y a quelque part une caisse bonne et charitable, une sorte de seconde mère, qui reçoit de la main de ses enfants -l'argent qu'ils ont de trop, et qui le leur restitue en temps utile ; allons-y ! » Et elle est venue.

Ce tableau statistique de 1843 indiquant la liste des professions, groupées par classes, est d'un grand intérêt ; il nous enseigne que plus l'on descend, en quelque sorte, vers les entrailles du peuple, et plus on voit augmenter le chiffre de la richesse confiée à la caisse d'épargne. Il n'y a, par exemple, qu'un fils de pair de France représenté par la somme de 50 fr., que 3 magistrats, 1 fils de vice-consul, 2 sous-chefs de division, tandis qu'il existe 846 ouvriers bottiers et cordonniers inscrits pour la sommé de 134,499 fr. Dans la classe des artisans patentés et marchands, c'est également le petit commerce, qui donne les plus gros chiffres. Dans la grande division consacrée aux *hommes et femmes de peine*, et qui monte à plus de 2,500 individus, ayant déposé, dans l'année 1843, la somme énorme de 476,550 francs, on est surpris de voir figurer les *journaliers proprement dits* au nombre de 570, les *cochers de voitures publiques* pour 135, et (chose plus remarquable encore) les marchands ambulants pour 283, avec une somme de 62, 422 fr. L'économie est de toutes les professions ; celles connues sous le nom de libérales, c'est-à-dire prodiges, ne sont pas demeurées insensibles aux charmes un peu sévères de l'institution : 19 artistes sculpteurs, 41 artistes dramatiques, 110 peintres, 27 hommes de lettres ; 71 étudiants en droit, ont fait déjà l'apprentissage de l'épargne et de la prévoyance. Ce tableau est une sorte de thermomètre qui sert à indiquer les degrés de la moralité dans les différents états ; c'est ainsi que la classe des écrivains publics, reconnue pour entrer dans la catégorie des classes dangereuses, inventée par M. Frégier, n'a donné à la caisse d'épargne qu'un seul individu inscrit pour la somme de 100 fr. Au chapitre des rentiers et enfants de rentiers, on lit, non sans intérêt, 14 orphelins et 19 orphelines. Parmi les domestiques, 334 portiers et 214 portières figurent, les uns pour la somme de 71,833 fr., et les autres pour celle de 43,256 fr. Dans le sexe féminin, les classes pauvres et laborieuses n'offrent pas des proportions moins imposantes : 1,399 couturières ont déposé dans l'année la somme de 212,696 fr. ; on n'ignore pas, d'ailleurs, tout ce que cette désignation générale renferme de nuances dans les états d'aiguille pour les femmes ; il faut encore y ajouter les professions plus ou moins équivoques, qui se cachent presque toutes, comme nous l'avons dit, sous ce voile emprunté. Les sages-femmes, qui sont, en général, très loin d'être des femmes sages, ne sont pas, elles-mêmes, demeurées sourdes conseils de la prudence ; 26 d'entre elles sont venues apporter à la caisse une somme de 5,150 fr., qu'elles eussent à coup sûr dissipée, il y a quelques années, en futiles objets de toilette, ou en parties aux bois avec leurs amans. Enfin la classe des militaires montre à son tour l'exemple de l'ordre et de la bonne conduite ; les plus faibles soldes, les grades les plus inférieurs de l'armée donnent les plus fortes sommes et les plus nombreux déposants à l'institution. Nulle profession n'a plus besoin que celle du soldat de s'abriter pour les mauvais jours de la vieillesse contre les coups de vent et les vicissitudes du sort : il ne faut plus que Bélisaire soit réduit, comme sur la gravure, à recevoir dans son casque rouillé l'obole de l'aumône.

La caisse d'épargne a voulu porter plus loin ses services dans le sein de la classe si intéressante des militaires. Une des plaies de l'armée était le recrutement. Nous avons tous vu ces maquignons d'hommes dont le métier était de parcourir l'Alsace ou les autres provinces fertiles en misères, et d'en ramener à Paris un troupeau de vagabonds, couverts de guenilles, nus pieds, qu'ils revendaient aux individus tombés au sort pour le remplacement militaire. Une fois enrôlés dans les cadres de l'armée ces mauvais soldats échappaient presque tous au service par la désertion ou par l'emprisonnement ; c'était une calamité. Il en résultait qu'une sorte de flétrissure était attachée au régiment sur ceux qui entraient par cette voie dans l'état militaire ; un remplaçant était frappé d'excommunication ; il ne pouvait avancer en grade et subissait, durant tout son séjour au corps, la peine de son ignoble marché. Le remplaçant conformait ses mœurs à sa réputation : débauché lui-même, il débauchait ses camarades. On en a vu dévorer, durant les quelques semaines qui suivaient leur entrée au régiment, le fruit de leur esclavage dans les lieux de débauche. La caisse d'épargne a eu l'heureuse idée de changer cet état de choses et d'arrêter ces désordres : elle y a réussi. Plusieurs chefs de corps désignent maintenant eux-mêmes à l'administrateur de la caisse d'épargne de *bons sujets* auxquels ils s'intéressent. Ces soldats, qui ont déjà fait l'expérience du service, sont recommandés aux familles, et le prix des remplacements est versé dans la caisse au nom du remplaçant. Il suit de là que ce contrat, rendu légitime par l'assentiment des chefs, n'est plus un obstacle à l'avancement, et produit au soldat un gain solide. Un maréchal-de-logis, brave et honnête Breton, qui avait renouvelé deux fois son engagement, se trouva ainsi se retirer du service, et rentrer chez lui avec une somme de 3,000 francs ; c'est une petite fortune dans son pays. Mais ne nous réjouissons pas si vite : à côté de l'esprit organisateur qui cherche à détruire le mal, veille sans cesse l'esprit de trafic et de spéculation qui s'efforce à le conserver. Il s'est formé, par suite de cette sage mesure, une ignoble industrie qui double le métier des acheteurs de reconnaissances du Mont-de-Piété : c'est celle des acheteurs de créances sur la caisse d'épargne. Comme il a été stipulé dans le contrat que la somme versée au nom du remplaçant ne pourrait être retirée avant sa sortie du service, celui-ci ne se trouve avoir, pendant sept années, entre les mains qu'une valeur présentement nulle, une lettre morte. Des gens à mine cauteleuse et pateline se chargent de la vivifier. Ces loups-cerviers, déguisés sous la peau de mouton d'un ami, circonviennent le soldat, l'obsèdent, l'entraînent au cabaret, cet antre des mauvais conseils, et là, tête à tête, lui offrent d'échanger sa créance contre de l'argent, du bon argent, visible, palpable, de l'argent dans la main. Le soldat a bon cœur ; le soldat est faible, surtout quand il a bu : il songe qu'avec cet argent il pourra mettre une croix d'or sur le cou de Jeanne, et il cède. Ces misérables paient les deux tiers (c'est rare), la moitié, le plus souvent le tiers de la créance, et moyennant un transfert à leur nom deviennent propriétaires de la somme placée à la caisse d'épargne. L'agent général, instruit de ces abus, et armé d'un article du règlement qui interdit à chacun d'avoir plus d'un livret nominal, a fait supprimer les intérêts à quelques cessionnaires sur toutes les sommes excédant le maximum autorisé. Cette mesure a déjà dégoûté quelques acheteurs de créances de leur périlleux métier ; mais on compte sur une loi, depuis deux années pendante devant la chambre des pairs, pour interdire aux militaires le transport des sommes déposées dans les caisses d'épargne, et pour couper ainsi le mal à sa racine.

L'institution a aussi voulu encourager la philanthropie, en admettant des sommes données au profit de mineurs, avec la condition que ces versements et les intérêts qui en proviennent ne pourront être retirés avant leur majorité. Ces bienfaits sont moins rares qu'on pourrait le croire dans notre siècle d'industrie et de froide concurrence. La caisse d'épargne les voit se renouveler fréquemment, et pour que la source de cette noble libéralité ne s'arrête jamais, nous croyons utile d'en publier les résultats. A l'époque de leur mariage, M. le duc et Mme la duchesse d'Orléans eurent l'idée de consacrer une somme de 160,000 francs à des livrets de caisse d'épargne, pour être distribués dans toutes les principales villes de France. Paris a eu pour sa part 40,000 francs, qui ont servi à délivrer 1,760 livrets. Ces dons ont été faits le 11 juin 1837. Si l'auteur de ce bienfait revenait à la lumière, il verrait que le grain jeté dans la terre sainte de l'économie a profité ; la somme totale inscrite au nom des divers possesseurs de ces livrets, et malgré l'extinction de 116 comptes, par suite de départ ou de décès, s'élève aujourd'hui à 181,431 francs ; le don primitif s'est accru ainsi des épargnes successives faites par les jeunes gens, et des petites sommes qu'ont pu y ajouter leurs familles, tant il est vrai que le goût d'amasser naît d'une première somme mise en réserve ; si l'abîme de la misère appelle l'abîme, la première pierre qui doit le combler attire une autre pierre, et ainsi de suite jusqu'à ce qu'il soit fermé. On voit donc que la caisse d'épargne, si souvent accusée au premier chef de développer l'égoïsme, favorise et provoque aussi la charité. Elle dit aux riches : Donnez-moi de votre superflu, pour que j'amasse à l'un de vos serviteurs fidèles une pension pour ses vieux jours. Elle dit à la jeune femme du monde opulente et coquette : Votre cou frêle et délicat porte autour de soi dans un fil la valeur de bois, de mines et de terres labourables qui feraient vivre plusieurs familles, laissez couler une de ces perles dans ma main ; votre robe est chargée de paillettes et de fleurs, comme celle de l'aurore, secouez-la pour qu'il en tombe quelques-unes sur la terre des pauvres ; j'en cultiverai le germe précieux durant plusieurs années, et je m'en servirai un jour pour revêtir de la robe nuptiale vos sœurs déshéritées, après les avoir rachetées de la misère qui conseille le vice.

L'économie a aussi (qui le croirait) son côté poétique ; elle ne rejette point ces fleurs du sentiment que la civilisation est accusée, un peu à tort, d'étouffer sous sa main égoïste et froide. Deux jeunes filles ont payé, en 1836, les dettes de leur père, et l'ont fait sortir de prison avec les fruits accumulés d'un travail assidu que la Providence a béni ; leurs enfants un jour le leur rendront, quand elles seront mères ! Dans la ville de Beauvais, deux fiancés se sont rencontrés, la veille de leur mariage, à la caisse où ils allaient retirer les économies qui devaient servir à leur établissement. Quelle joie de se surprendre l'un et l'autre dans la même pensée, dans la même bonne œuvre, et comme en flagrant délit de sainte prévoyance ! A Paris, on voit chaque jour des ouvrières, mères d'une petite-fille encore au berceau, que l'amour, un imprudent amour de dix-sept ans, a par hasard jetée entre leurs bras, venir, à la fin de chaque semaine, apporter cinq francs, fruit de leur labeur de chaque jour, et continuer ce dépôt avec une persévérance infatigable durant plusieurs années, pour amasser une dot à cet enfant sans nom. On en voit d'autres arriver, par les mêmes travaux de l'aiguille et à force d'économie, à conquérir, écu par écu, leur lit de noces et les premiers meubles du ménage. Les unes et les autres trouvent ainsi moyen d'éviter pour elles ou pour leurs filles ce gouffre de la prostitution qui attire à soi par la misère comme par un fil les oisives ou les imprévoyantes. La caisse d'épargne n'est point étrangère aux sacrifices les plus âpres, ni aux vertus les plus morales. Si l'histoire du bohémien qui vit, comme l'oiseau, d'espace, de soleil et de chansons, qui dissipe son temps et sa bourse le long de la route, plaît par son caprice et par sa fantaisie, l'honnête ouvrier, père de famille retranchant chaque jour de sa paie la dîme du dévouement, pour assurer, en cas de mort, à une tête chérie, à des enfants en bas âge, une défense matérielle contre les horreurs et les tentations de la subite misère, cet homme-là, dis-je, n'est pas seulement intéressant, il est sublime. L'un traverse la vie, en semant çà et là sur son chemin, comme l'enfant, des miettes de pain que les oiseaux du ciel font disparaître tandis que l'autre jette des signes durables et féconds de son passage.

Les dévouements obscurs et anonymes sont plus communs qu'on ne le croit dans la classe pauvre. Nous avons vu nous-même une de ces vieilles veuves, dont Jésus-Christ mettait l'aumône au-dessus de celle du riche, apporter dans la caisse de l'administration son humble denier, non pas pour elle, qui va bientôt mourir, et dont la prévoyance ne s'étend plus qu'à l'éternité, mais pour un enfant adoptif qui la suivait par la main. L'économie a un cœur ; l'économie, qui ferme les mains pour ses besoins, les ouvre sur ceux qui lui survivront. Autrefois, en Italie, les villageois plantaient autour du berceau de leur fille des peupliers dont la valeur, croissant d'année en année, devait contribuer un jour à la dot de son mariage. La caisse d'épargne a remplacé la terre pour l'ouvrier de nos grandes villes ; il est certain de recueillir ce qu'il y a semé. Cette confiance a déjà porté ses fruits ; il y a moins de misère dans la classe laborieuse depuis que les caisses d'épargne existent. Il s'agit à présent d'entretenir et d'encourager ce mouvement en récompensant l'exactitude des petits dépôts, soit par une somme d'argent, comme cela a lieu en Angleterre, soit par un champ que l'état délivrerait en propriété. Aux yeux de l'économiste, celui qui met le plus à la caisse d'épargne, c'est le pauvre qui met de sa pauvreté même. Or il est à craindre que, voyant le peu de résultats de ses efforts et le peu de fruit de ses sacrifices, l'ouvrier ne finisse par se dégoûter d'une économie stérile, ou par s'engager dans des entreprises douteuses. On est en droit de s'étonner du prodigieux succès de la caisse d'épargne, quand on considère le grand nombre de sociétés mutuelles sur la vie qui travaillent à lui faire concurrence. Jusqu'ici, ces institutions n'ont guère pénétré dans la classe laborieuse, d'abord parce qu'étant régies par des mains particulières, elles offrent moins de motifs de confiance, que le trésor de l'état, et ensuite parce qu'on ne peut plus en retirer son argent à volonté. Le grand avantage des caisses d'épargne, ce qui fait leur mérite aux yeux du peuple, c'est ce mouvement de *va et vient* du numéraire ; l'argent entre et sort sans obstacle, de sorte que l'ouvrier peut avoir recours à l'établissement comme à son coffre-fort plusieurs fois dans l'année, pour subvenir à ses besoins imprévus, au paiement de son loyer, à ses habillements d'hiver ou d'été. Dans les années critiques, comme en 1840, le peuple place 99 millions d'une main et en retire 78 de l'autre. La malveillance savait bien que cette faculté de ravoir son argent à bref délai était une des causes de la prospérité des caisses d'épargne ; elle essaya d'obscurcir cet avantage par des arguments faux et ridicules, que le bon sens de la nation a dissipés.

La caisse d'épargne est visiblement une institution empreinte d'un sentiment charitable. Au lieu de la prendre par son côté moral et philosophique, ses adversaires se sont arrêtés devant des inconvénients de détail, et encore devant des inconvénients éloignés, arbitraires, selon nous chimériques. Plutôt que de proposer de détruire une institution comme celle-là, dans un temps où le peuple a tant besoin d'une sauve-garde, au milieu de la tourmente des intérêts, contre les secousses et les perturbations de l'industrie, mieux vaut proposer de l'étendre et de l'affermir. Le seul reproche qui, selon nous, puisse frapper juste sur la constitution actuelle des caisses d'épargne est celui-ci : les avantages qui en résultent sont individuels, la masse n'en profite pas ; or, le résultat qu'il importe avant tout d'obtenir n'est pas que la condition de tel individu soit relativement plus favorable, mais que la condition générale du peuple soit changée. Cet argument ne nous semble pas irréprochable ; en améliorant le sort particulier de chaque citoyen, on arriverait au contraire à améliorer l'état de la masse. Il est cependant vrai que jusqu'à ce jour les caisses d'épargne ont marché dans une voie étroite ; cette voie peut s'élargir. L'institution a encore cela de bon, qu'elle est capable de développement ; si elle n'a rendu jusqu'ici que des services isolés, il faut s'en prendre à cet esprit de timidité ou peut-être de prudence qui veille sur le berceau des caisses d'épargne. Ceux qui ont fondé ces établissements, fiers à juste titre de leur premier succès, craignent de le compromettre dans des tentatives immodérées. Nous ne partageons pas leurs défiances, mais nous aimons à reconnaître avec eux que, telle qu'elle existe, la caisse d'épargne est déjà la pépinière de la fortune du peuple.

Quelques économistes ont cherché, dans ces derniers temps, à faire prévaloir les compagnies viagères sur la caisse d'épargne : nous ne partageons pas leur avis ; ces institutions ont à nos yeux le tort de créer souvent, par des tables artificielles, une mortalité qui n'est pas dans la nature. Il en résulte des calculs entachés de promesses illusoires dont l'évènement ne se réalise jamais. Loin de nous, toutefois, la pensée de repousser toutes les combinaisons des sociétés mutuelles sur la vie : les *assurances en cas de mort, les caisses dotales, les caisses d'assurance pour le recrutement militaire*, nous paraissent en elles-mêmes d'excellentes branches d'une même institution, et très propres à produire cette solidarité des intérêts qui est le but de l'économie moderne. Nous croyons que l'état ferait bien de les enter peu à peu sur la caisse d'épargne. S'il faut exprimer ici toute notre pensée, nous ajouterons que la caisse d'épargne, pour atteindre complètement son but, devra se transformer dans l'avenir en une banque d'escompte pour le petit commerce, et en une banque de prêt aux ouvriers. Ce sera le moyen de rendre à la circulation, c'est-à-dire à la vie, les fonds qu'elle engloutit maintenant dans le trésor. Ce sera également le moyen de créer un point de contact entre le capital et le travail pour les féconder l'un par l'autre. Lorsqu'on s'adresse maintenant à la portion souffrante de la classe ouvrière, et qu'on lui vante les bienfaits de l'épargne, elle vous répond : « Comment voulez-vous que j'amasse, puisque je n'ai pas même de quoi subvenir à mes besoins ? Avant d'économiser, il faut vivre. » Cet argument est d'une certaine force, et nous ne croyons pas qu'on y réponde par l'état actuel de l'institution. L'expérience démontre qu'un homme tombé dans l'extrême misère est incapable de se relever par lui-même ; il faut qu'une main étrangère (nous voudrions que ce fût la main de l'état) vienne à son secours. Jusqu'ici, la caisse d'épargne est une institution passive ; elle attend : nous voudrions qu'elle agît, qu'elle allât au-devant, et que, non contente d'être prête à recevoir les fruits d'une économie souvent impossible, elle fournît à la classe pauvre un moyen efficace pour se retirer de la gêne. Tous ceux qui ont étudié de près la condition des classes laborieuses savent que sur une journée de 2 fr. l'ouvrier en doit souvent la moitié aux prêteurs sur gage ou sur parole, qui lui ont avancé ses vêtements, son lit et les premiers instruments de son travail. La production se trouve ainsi chargée d'impôts énormes qu'elle n'arrive jamais à soulever. Que faudrait-il à ces hommes pour sortir d'un si triste état ? Une première mise de fonds qui leur permît d'affranchir leur travail et leur personne de la dent des usuriers qui les rongent. Que la caisse d'épargne intervienne dans cette situation critique, et la face des choses va changer ; recevant d'une main, prêtant de l'autre, elle sèmerait sur celui-ci ce que celui-là aurait récolté, et rétablirait alors cette précieuse mutualité des intérêts qui concourt à l'union des citoyens. Il est important que les classes pauvres ne se sentent pas abandonnées ; ce prêt, si faible qu'il fût, et entouré de garanties raisonnables, aurait pour avantage de faire entrer l'espoir, et par suite l'amour de l'ordre, dans cette classe si nombreuse, que décourage la stérilité de ses efforts. On n'accuserait plus alors la caisse d'épargne de refouler l'homme dans l'unique considération de son intérêt privé. Si en effet l'économie favorise l'isolement, le prêt public, le prêt de l'économie au travail, développerait au contraire le sentiment de la charité. Nous avons plutôt pour but de soumettre ici une idée, un projet, que d'expliquer une organisation : il va sans dire que celle-ci rencontrerait des obstacles ; mais ce n'est pas une raison pour s'en détacher. La plus grande difficulté consiste dans la garantie à obtenir de l'emprunteur ; nous ne la croyons pas insoluble. Il serait d'ailleurs beau que, dans la suite, la moralité devînt une valeur escomptable ; en prêtant à l'ouvrier sur sa réputation, sa bonne conduite et sa capacité, on le relèverait déjà à ses propres yeux, et relever l'homme, c'est l'enrichir. Nos institutions économiques sont encore trop dans l'enfance pour que ces réformes ne soient pas traitées d'utopies : il existe pourtant déjà, au sein des administrateurs de la caisse d'épargne de Paris, deux camps, l'un formé d'esprits positifs et timides, l'autre d'esprits systématiques et progressifs, qui représentent la résistance et le mouvement. Nous croyons que le mouvement l'emportera. Pour l'instant, l'élément financier domine dans l'administration, et par conséquent l'immobilité. On nous objectera peut-être qu'il est tout simple de remettre à des banquiers la surveillance du maniement des fonds, et qu'on n'ira pas chercher des romanciers ni des poètes pour ranger des écus : très bien ; mais nous disons que des institutions comme celle-ci, des institutions amies de l'humanité, doivent tendre sans cesse à agrandir l'échelle de leurs services, et que les hommes de pensée ne sont pas inutiles à cette œuvre.

Une des améliorations les plus désirables et les plus dignes de cet esprit de charité que la philosophie a fait naître sera de combiner les caisses d'épargne avec les monts-de-piété. On arriverait par ce moyen à abaisser le taux de l'intérêt payé par l'emprunteur, et peut-être, avec le temps, à le supprimer. Ceci n'est pas un rêve : déjà cette alliance existé dans une grande ville de l'est, déjà un établissement fondé sur ce principe a produit des résultats admirables. Les effets moraux de cette association ne seraient pas moins importants à recueillir : on établirait de la sorte un lien, lien sacré, entre l'économie et la misère. Aujourd'hui, l'une et l'autre sont séparées, divisées, isolées : deux femmes demeurent porte à porte sur le même escalier ; l'une, aisée, célibataire, amasse dans un chiffon caché sous le chevet de son lit, une somme qu'elle porte secrètement chaque semaine à la caisse d'épargne ; l'autre, pauvre mère de plusieurs enfants en bas âge, engage secrètement aussi et furtivement au mont-de-piété la dernière paire de draps qui restait dans son armoire. Entre ces deux créatures humaines, ces deux sœurs selon la foi et selon la charte ; il n'existe aucune assurance mutuelle ; l'économie de l'une ne profite en rien à la misère de l'autre. Nous croyons que dans une société charitable il doit en être autrement. Loin d'entretenir par la rivalité des institutions cet antagonisme entre le prêt et l'emprunt, nous croyons qu'il faudrait au contraire les rapprocher, les marier, les unir, bonifier l'un par l'autre. Cette précieuse solidarité aurait pour effet de combattre l'égoïsme que les caisses d'épargne, isolées, fomentent dans le cœur des classes ouvrières ; ce serait aussi le moyen de réprimer les excès de l'économie, non moins à craindre pour la morale que ceux de la prodigalité.

M. Félix de Viville, directeur du mont-de-piété et de la caisse d'épargne de Metz, a réuni ces deux administrations et a obtenu un succès digne de ses efforts. 400,000 francs appartenant aux déposants sont employés en prêts sur nantissement à un intérêt de 7 ½ pour 100 ; 600,000 francs sont versés au trésor public, qui sert un intérêt de 4 pour 100 ; il en résulte donc un bénéfice de 3 1/2 pour 100 sur une partie des capitaux. Voilà des chiffres. On peut conclure de l'expérience faite par M. de Viville que la combinaison de la caisse d'épargne et du mont-de-piété présente des avantages certains. Nous n'admettons pas que ce qui se fait à Metz ne puisse se faire à Paris. Il nous semble, au contraire, que les résultats grandiront à mesure que le cercle des opérations s'élargira. Si les 83 millions de francs qui formaient, en décembre 1841, le solde des caisses d'épargne de Paris à la caisse des dépôts et consignations avaient été versés dans celle du mont-de-piété, ils auraient fécondé, depuis deux années, les régions inférieures de la société, dénuées aujourd'hui presque absolument des ressources du crédit. Il est d'ailleurs inutile de faire observer que le capital des caisses d'épargne ne devra jamais être jeté tout entier dans la circulation ; il faudra toujours une réserve considérable pour faire face aux, demandes de remboursement Nous estimons qu'une moitié seulement pourrait être mobilisée. On serait libre de donner encore à l'argent de ces caisses bien d'autres destinations ; nous avons cru devoir nous arrêter à celles qui découlent de la nature de leurs services. Dans douze années peut-être, les caisses d'épargne de Paris renfermeront un milliard il serait désolant de laisser cette masse de capitaux inerte, improductive, se rouiller dans le trésor public, au lieu de s'en servir à transformer la condition des classes ouvrières.

Pour résumer notre opinion sur la caisse d'épargne de Paris, la plus considérable de toutes celles du royaume, nous dirons que, tout en la regardant déjà comme utile, profitable et excellente, nous la croyons encore incomplète ; nous la regardons moins, en un mot, comme une institution faite que comme le noyau magnifique et imposant d'une institution à venir Elle est présentement un lieu de réserve, une sorte de grenier d'abondance, dans lequel l'ouvrier amasse gerbe à gerbe des provisions pour les moments de disette. Nous avons dit ce que nous voudrions qu'elle fût. La société ne peut vivre sans ces institutions tutélaires dont la France, l'Angleterre, la Belgique, la Suisse, l'Italie, l'Europe entière commence à se couvrir. L'état matériel du peuple, et par suite son état moral, ne peut s'améliore chez nous que par des établissements qui favorisent le travail et l'économie. La révolution lui a donné la liberté, l'empire lui a jeté de la gloire ; c'est à un régime plus calme de lui assurer le nécessaire. Les caisses d'épargne nous semblent destinées à exercer une influence sur l'avenir des classes ouvrières : dans les 360 millions qui forment à cette heure la réserve du peuple, il y a plus qu'une fortune qui s'amasse, il y une œuvre qui s'accomplit. Longtemps la philosophie a cru pouvoir traiter avec une sorte de dédain ces questions positives qui s'adressent aux intérêts des masses ; aujourd'hui, nous savons que l'aisance d'une société concourt à ses développements intellectuels : en 1789, c'est l'argent qui a racheté la pensée. A mesure qu'elles acquerront une propriété, les classes pauvres et obscures s'éclaireront. Il nous semble que nous marchons à ce progrès lentement, il est vrai ; mais le temps est la condition des œuvres de l'homme et, de celles de la Providence. Ne nous effrayons pas de l'état de désordre dans lequel l'industrie naissante a jeté toutes les conditions : cet état n'est que passager. Un conseil éternel et immuable se cache derrière tous ces évènements troublés que le hasard semble déployer çà et là avec une si prodigieuse incertitude. L'économie ne cesse de marcher à travers tous ces mouvements et de réaliser à l'écart un bien-être individuel qui doit s'étendre et remonter un jour à toute la société. En favorisant jusqu'à cette heure l'égoïsme, l'élément du *moi*, les caisses d'épargne n'ont fait qu'obéir à une tendance nécessaire ; il fallait que l'intérêt particulier, toujours plus actif et plus insatiable de sa nature, entrât comme premier agent dans la création de la fortune publique. Cette direction ne nous semble ni complète ni durable ; les doctrines morales, qui impriment leur forme aux institutions, feront peu à peu refluer sur la masse les bienfaits de l'épargne, en les convertissant en crédit. En attendant, nous devons arrêter un regard plein de confiance sur une création d'hier qui, déjà imposante par sa prospérité et par ses services, cherche à améliorer la condition des classes nécessiteuses, non à l'aide de moyens violents que la société repousse, mais en exhortant le peuple à se montrer laborieux, économe, sobre et patient comme Dieu, parce qu'il est éternel.

ISBN : 978-1727028690